POESIEGEWITTER

Widmung

Das Buch „Poesiegewitter" ist mein erstes Werk
Mit dieser Widmung richte ich auf geliebte Menschen ein besonderes Augenmerk
Dieses Buch soll meiner Familie gewidmet sein,
denn ihre Liebe war auf meinem Lebensweg ein Meilenstein
Die Widmung in diesem Buche gilt:
Birgit meiner liebevollen und geliebten Mama,
deine Liebe und deine Fürsorge sind echt der Hammer!
Ralf meinem Papa, der vor einigen Jahren leider verstorben ist,
Papa du sollst wissen, dass ich dich liebe und mit jedem Tag vermiss
Bente meinem geliebten Schwesterherz
Bist immer da mit mir zu lachen und bereit für einen Scherz
Filou meinem niedlichen und süßen Hund,
der eine unter Millionen, ein sensationeller Fund
Wilhelm, dem musikalischen und weisen Mann,
du bist ein bilderbuchgleicher Opa, dein hohes Alter sieht man dir gar nicht an
Margret auch dir meiner lieben Oma soll dieses Buch gewidmet sein,
du bist in unserer Familie weltbekannt für deine Nascherein
Hannes und Marlene, Oma und Opa hoch oben im Himmel,

Ich hoffe euch geht es gut dort oben im Sternengewimmel
Reinhold mittlerweile eher als Onkelchen als als Onkel bekannt
Du bist ein fantastischer Bäcker und sehr wortgewandt
Claudia meiner freundlichen Tante
Auch du bist eine liebenswürdige Verwandte
Vera, die keckste unter all meinen Cousinen
bist eine Zeit lang täglich zum gemeinsamen Filme sehen erschienen
Peter meinem Onkel auf dem Bauernhof
bist ein super Onkel und alles andere als doof
Sabine, der Tante, die perfekt malen und kochen kann,
du ziehst alle mit deiner Kulinarik und Kunst in deinen Bann
Rieke wunderschön und unter all meinen Cousinen nicht zu vergessen
bist immer locker und gelassen, dich kann keiner stressen
Hannes, Er trägt sein Herz auf seiner Zunge
bist unter vielen Cousinen der einzige Junge
Kim Maria Hannes geliebte Freundin
auch du kommst mir bei Familie in den Sinn
Moni meiner Tante, wie viel durfte ich schon gemeinsam mit dir erleben
für alle diese schönen Momente möchte ich dir eine Widmung geben
Kuno, dem Onkel der Waschmaschinen bauen kann
Kuno auch du bist in meiner Familie ein liebenswürdiger Mann

Gesche der Ärztin für Kinder
du bist sehr intelligent, dass sieht selbst ein Blinder
Chrischi Gesches treuem Lebensgefährten,
sein Humor Level ist auf einer Skala von 1-10 gar nicht zu bewerten
Rieke und *Mathilda,* ihrem neugeborenen Kind,
die beiden ein ganz besonderer Teil meiner Familie sind
Christoph Mathildas liebevollem Vater
Bist nicht nur guter Papa, sondern auch Berater
Birte unter den Cousinen das stille Wasser
Auch du bekommst eine Widmung vom Verfasser
Insa, Sie trägt immer ein Lächeln auf dem Gesicht
Deine Ehrlichkeit sieht man auch in deinem Augenlicht
Didier in unserem Bund das neueste Mitglied,
das man trotzdem bereits als Teil der Familie sieht
Sandra, auch dich möchte ich hier nennen
Bist als beste Freundin Teil der Familie, uns kann keiner trennen
Auch für alle meine anderen Freunde ist dieser Gedichtband,
denn ihr alle nahmt mich in eurem Leben an die Hand
Ihr alle sollt wissen, dass ich euch ganz lieb habe,
auch wenn ich das nicht immer sage
Drum steht es hier nun geschrieben,
Ihr alle gehört zu meinen Lieben!

Swantje Carstensen

Poesiegewitter

-Gedichte Mix

Bibliografische Information der Deutschen Nationalbibliothek:
Die Deutsche Nationalbibliothek verzeichnet diese Publikation in der Deutschen Nationalbibliografie; detaillierte bibliografische Daten sind im Internet über http://dnb.dnb.de abrufbar.

© *2017 Swantje Carstensen*

Illustration: Pixabay.com

Herstellung und Verlag: BoD – Books on Demand, Norderstedt

ISBN: 978-3-7431-9157-0

Inhaltsverzeichnis

Liebe

Über den eigenen Schatten springen	14
Liebespfeil	15
Augenblick	16
Verbannt	17
Ich träume von dir	18
Je t'aime	19
Gedankenflug	20
Eingeschlossen	21
Freind	22
Frühlingsgefühle	23
Der Schlüssel	24
3 Worte, 4 Worte	25
Verein Herz	26
Du in meinem Herzen	27
Gebe Liebe	28
Vertrau mir	29
Verborgen	30
Kein Vergessen	31
Das Fazit	32
Einseitige Liebe	33
Wie Magneten	35
Unsere Geschichte	36

Inhaltsverzeichnis

Zum Lachen

Nur ein…?	40
Das Leben aus der Sicht einer Parkbank	41
Das Internet	42
Verkehrte Welt	43
Märchengeschichten	44

Musik

Melodie liegt in der Musik	48
Mein Lieblingslied	49
Der musikalische Mann	50

Natur

Regenbogenlandschaft	54
Vogelgezwitscher	55
Gewitter	56
Strandgefühl	57
Wassertropfen	58
Du bist…	59
Ozean	60
Der Marienkäfer	61
Kalter Spion	62
Komm her, bewundere das Meer	63
Wo wohne ich?	64
Glasklar	65
Wolkentraum	66
Atemberaubender Ausblick	67

Inhaltsverzeichnis

A little bit of English

Denglisch	70
Finding your way through life	71
I miss you	72
You are my life	73

Gesellschaft

Geld regiert die Welt	76
Ein Gedicht für alle die krank sind	77
Glück	78
Wenn du traurig bist	79
Schweigen	81
Herrscher und Regenten	83
Ich möchte	84
Stimmen	85
Träume im Gefühl der Angst	86
Gerüchte	87
Deine Stimme, seine Stimme	88
Menschenschänder	89
Dein Leben	90
Ja oder Nein?	91
Erinnerungen	92
Masken	93

Sonne, Mond & Sterne

Sonnenlicht	96
Dunkle Nacht	97

Inhaltsverzeichnis

Glauben

Der Tod	102
Du gibst mir Kraft	103

Sonstiges

Ich bin die Fantasie	106
Urlaubsträume	107
Unsere Eltern	108
Wolke 7	109
Rotes Lebenselixier	110
Zeitlos	111
Schwesterherz	112
Wer sind die Götter?	114
Beste Freundin	115
Morgen	116
Love & Basketball	117
Griechisch & Deutsch	119
Du liest was ich bin	120

Liebe

Über den eigenen Schatten springen

Zu deinem Herzen war es ein langer Weg für mich,
wo sich der Schlüssel befindet, wusste ich lange Zeit nicht
Endlich habe ich ihn gefunden, vor ein paar Tagen
Es war gar nicht so schwer, ich musste dich nur fragen
Lange Zeit hatte ich jedoch nicht den Mut dir meine Gefühle zu gestehen,
dass ich mir damit selbst den Weg verbaute, konnte ich nicht sehen
Ich war mir nicht sicher ob wir uns einander guttun würden
Letztendlich, waren es alles von mir selbst gebaute Hürden
Die Lösung war so einfach, doch es fehlte der Mut
Doch am Ende wurde entgegen meiner Ängste alles gut
Das einzige was ich tun musste um zu dir zu finden
war über meinen Schatten zu springen und mich selbst zu überwinden
Ich musste dir einfach nur sagen: Ich bin verliebt in dich
Und du sagtest: Mir deine Gefühle zu gestehen dauerte unendlich
Ich warte schon so lange mit dir zusammen sein zu können,
doch Ich wollt dir ein Erfolg des Überwindens deines Schattens gönnen

Liebespfeil

Deine Augen grünbraunblau,
wie sehr ich dir vertrau
dabei weiß ich nicht viel von dir
genau so wenig du von mir
Jedes Mal wenn du mir in die Augen schaust
kommt ein Pfeil in mein Herz gesaust
Jedes Mal wenn wir uns sehen
möchte ich gern zu dir gehen
Doch ich trau mich nicht
dir es zu sagen
weil meine Angst
nichts mehr von dir zu haben
sehr sehr groß ist
doch du sollst wissen,
dass mein Herz dich mit jedem Tag vermisst
Denn ich habe dich in mein Herz geschlossen
Ich denk Amor hat einen Pfeil auf mich geschossen
und ich hoffe
er hat dich auch getroffen!

Augenblick

Ich sehe dir in die Augen,
ich mag ihnen gar nicht trauen
dennoch möchte ich dir immer wieder in deine
Augen schauen

Ihr Glanz und ihr Strahlen
Ich möchte es gern malen
kann man so einen Augenblick bezahlen?

Ihr Glitzern und Funkeln
erhellt die Welt im Dunkeln
es bringt die Menschenmenge um dich
zum Munkeln

Wem möchte man nicht trauen
und trotzdem in die Augen schauen?
Welches Strahlen möchte man gerne malen?
Welchen Augenblick kann man nicht bezahlen?
Was erhellt die Welt im Dunkeln?
Was bringt die Menschenmenge zum Munkeln?
Ist es ein Blick aus Vertrauen
oder nur ein Blick aus Kinderaugen?

Verbannt

Die Liebe hat mir mein Herz gebrochen
Die Lanze des Schmerzes in mich gestochen
Du wurdest aus meinem Herzen verbannt
Ich habe mich an dir fast verbrannt
Mein Herz stand in glühenden Flammen
doch jetzt muss ich dich aus meinem Herzen verbannen
Nun lässt die Liebe mein Herz gefrieren
Ich wollte dich doch nie verlieren
Warum musste gerade das passieren?
Ich weiß du wirst mich nie lieben,
drum muss ich dich aus meinem Herzen schieben
Nun, ich habe keine Zeit mehr zu verschenken
Werde nicht mehr Tag und Nacht an dich denken
und ich weiß der Schmerz der Liebe wird sich senken
Es ist die Zeit, die die Wunden heilt
Es ist die Zeit, die macht das der Schmerz nicht ewig weilt
Ich werde wie immer vom Boden aufstehen
und mit dem Kopf nach oben in die Zukunft sehen

Ich träume von dir

Als ich dich sah
warst du mir nah
und doch so fern
du bist mein Stern
ich habe dich gern
Und Ich frage mich
Empfindest du so wie ich für dich?

Ich kann nur
hoffen und träumen
möchte nichts von dem versäumen
was du tust und sagst
sag doch bitte,
dass du mich magst

Ich träume von dir
und wünsche mir
du wärst hier
bei mir
doch ich kann nur hoffen
dass du mich magst
weil du genau wie ich nichts sagst

Je t'aime

Je t'aime
Seni seviyorum
Ti amo
Jeg elsker dig
Te quiro
I love you
Amo te
Ik hou van je
Ich liebe dich
All das empfinde ich für dich -
auch wenn es im Endeffekt das Gleiche ist!

Gedankenflug

Ich denke Tag und Nacht
seit Wochen habe ich nichts Anderes gemacht
meine Gedanken ziehen ihre Kreise
mal ist es um mich laut
mal ist es leise
trotzdem stoppen kann ich nicht
denn in meinem Kopf da gibt es dich
in der Realität sieht's anders aus
da nehmen die Sachen anders ihren Lauf
trotzdem werde ich die Hoffnung nicht verlieren
und hoffe die Gedanken werden auch in der Realität
funktionieren

Eingeschlossen

Ich weiß nicht wie ich es dir sagen soll
Ich sag's mal so: Ich find dich toll!
Ich mach die Augen zu
Das was ich sehe, das bist du
Ich könnte dich den ganzen Tag anschauen
Es werden immer mehr Gefühle, die sich in mir für dich aufbauen,
Das stärkste Gefühl von allen nennt sich Verliebtheit
Mein Herz sehnt sich nach Zweisamkeit
In meinen Kopf mal ich mir Situationen aus
Und hoffe irgendwann wird Realität daraus
Mein größter Wunsch ist: Du & Ich als Wir
Ich hoffe dein Herz findet in meinem ein Quartier
Denn du bist derjenige/ diejenige für mich
der/die eingeschlossen in meinem Herzen ist!

Freind

Ich mag dich,
Ich mag dich nicht
zauberst mir ein Lächeln ins Gesicht,
bist aber auch der Grund warum ich mir abends die
Tränen von den Wangen wisch
Du gibst mir Kraft,
doch nimmst sie ebenso von mir
Fühl mich von dir angezogen,
doch will auch weg von dir
Du machst mich sprachlos und bringst mich doch zum
reden
Du bringst mir sowohl Freude, als auch Traurigkeit im
Leben
Du bist ein Bild aus meinem Traum
und ein Traum wirst du bleiben
Will von dir weg,
anderseits doch in deiner Nähe verweilen
Bist in meiner Nähe und doch so fern
mal bist du Dunkelheit in meinem Leben,
mal ein leuchtender Stern
Ich hasse dich,
doch hab dich gern!
Unter uns herrschen viele Gegensätze,
aber vielleicht ist es gerade das, was ich an dir schätze
Vielleicht heißt I hate you, dasselbe wie I love you,
der Grund warum ich so denke, das bist du
Vielleicht ist Hass ein anderes Wort für Liebe,
warum laufe ich zu dir,
wenn ich eigentlich vor dir fliehe?

Frühlingsgefühle

Schmetterlinge fliegen
Liebespaare lieben
Meine Gedanken fliegen –
zu dir!

Kinder Späße machen
Vogelflügel entfachen
Mein Mund muss lachen –
mit dir!

Menschen lieben
Schmetterlinge und Vögel fliegen
Kinder Späße machen
Münder lachen
Und ich tue alles –
mit dir!

Der Schlüssel ...

Der Schlüssel zum Geheimnis
Ist der Schlüssel zu meinem Herzen
Der Schlüssel zu meinem Herzen
Ist die Liebe
Die Liebe ist etwas Unbeschreibliches
Etwas Unbeschreibliches ist nicht sichtbar
Das Unsichtbare sind die Gefühle
Die Gefühle sind in einem Versteck
Das Versteck ist mein Herz
In meinem Herz ist das Geheimnis
Und das Geheimnis
- das bist du!

3 Worte, 4 Worte

Verstehst du nicht, Ich liebe dich
diese Worte bedeuten viel für mich
Habe sie dir nicht als leere Worte gesagt
Sie wurden von dir nicht erwidert, der Grund warum
mein Herz zerbrach
Habe zu viel aufs Spiel gesetzt
Die 3 Worte haben mich verletzt
Mein Herz weint, genau wie meine Augen
4 Worte, die mir die Kraft aus dem Körper saugen
Eine Träne rollt über mein Gesicht
Ich liebe dich –
Du liebst mich nicht
4 Worte die den Schmerz erschufen,
von 3 Worten wurde er herbeigerufen
Ich liebe dich –
Du liebst mich nicht
Es ist dein Herz, das meinem widerspricht

Verein Herz

Im Verein Herz gibt es viele Mitglieder
doch du, du bist der Sieger
Deinen Namen trag ich wahrhaftig tief in mir
Tag und Nacht sag ich ihn vor mich her oder schreib
ihn auf Papier
5 Buchstaben immer und immer wieder
Mein Herz singt nur noch Liebeslieder
5 Buchstaben wie im Wort Liebe
5 Buchstaben – die Meister aller Herzensdiebe
Sie sind einfach in mein Herz eingetreten
Du hast den Verein Herz einfach betreten
ohne mich vorher zu fragen
Was soll ich nur dazu sagen?

Du in meinem Herzen

In meinem Herzen hast du dich versteckt
Irgendwann habe ich dich entdeckt
Ich konnte es nicht fassen
Ich konnte es einfach nicht lassen
immer zu an dich zu denken
dir meine ganze Aufmerksamkeit zu schenken
Selbst in der Nacht
habe ich an nichts Anderes als dich gedacht
Du erschienst in meinen Träumen
wollte keinen Moment mit dir versäumen
Ich wollte es nicht wahrhaben
und dir von meiner Liebe gar nichts sagen
Doch dann kamst du und ich war ganz entzückt
Ich konnte es gar nicht fassen mein Glück
Du sagtest: Ich liebe dich
Und damit endet das Gedicht
Denn eine Steigerung von Liebe gibt es nicht!

Gebe Liebe

Wer gibt
dem wird gegeben
Wer atmet
der wird leben

Wer schreibt
dem wird geschrieben
Wer vertraut
der wird lieben

Wer liebt
der wird geben
der wird leben
Wird nach Vertrauen streben

Und alles Glück,
was er anderen gibt und Sie entzückt
kommt auch mit Freude zu ihm zurück
Denn Liebe vermehrt sich wenn man sie teilt
Sie wird nicht weniger, sie verweilt
Drum warte nicht und teile Liebe aus
Dann kommt das Glück auch zu dir nach Haus!

Vertrau mir

Ich schenke dir
mein Vertrauen,
meine Liebe
und mein Glück,
denn ich bin ganz von dir entzückt!
Schau mich an und du wirst sehen
Ich werde dir mein Vertrauen geben
und hoffe du wirst es nehmen
ansonsten werde ich dich verfehlen
Denn ohne Vertrauen
Kann man nicht aufeinander bauen
Wenn du willst, ich dir alles gebe
weil ich von dir lebe,
du mein Atem bist
Ich bin der/die der/die dich nie vergisst!

Verborgen

Bin verborgen im Schutze des Schatten
Bin leise und lautlos wie die Ratten
Meine Augen beobachten dich
zu dir wandern meine Blicke,
doch du merkst es nicht
Im Stillen bleib ich dir verborgen
Irgendwann werde ich mich dir zeigen
Vielleicht nächstes Jahr, vielleicht morgen
Irgendwann wenn ich weiß, dass der Zeitpunkt gekommen ist,
wenn mein Herz nach dir schreit und dich vermisst
Auch wenn es das schon jeden Tag tut
erstmal muss die Angst überwunden werden vom Mut!

Kein Vergessen

Ich bin wie von dir besessen
doch ich weiß, ich muss dich vergessen
Weil es keine Chance gibt, dass du mich liebst
Keine Chance, dass du mich wie ich dich sehe siehst
Du weißt, Ich liebe dich
Ich weiß, Du liebst mich nicht
Ich weiß letztendlich nicht viel von dir
Genauso wenig du von mir
Doch eines, das weiß ich ganz gewiss:
Das du leider immer noch derjenige in meinem Herzen bist

Das Fazit

Ich gestand dir meine Liebe, daraufhin vergaßt du mich,
jedoch ich, ich vergaß dich nicht
Der Schmerz, der brannte sich in mein Herz
Meine Laune, die ging immer zu abwärts
Ich vergoss Unmengen an nassen Tränen
Verwarf den Gedanken ich könnte mich jemals an deine Schulter lehnen
Ich träumte am Tag und auch in der Nacht nicht mehr
Mein Herz und mein Kopf, die waren leer
Mein Matheheft war nicht mehr gefüllt mit Zahlen
Nur noch gebrochene Herzen konnte ich malen
Auch meinem Deutschheft gingen die Buchstaben aus,
denn jeden Buchstaben aus deinem Namen radierte ich aus
Es herrschte in mir die gähnende Leere
Ich verlor Tränen, sogar mehre
So wurde die Leere gefüllt vom Schmerz
Das Fazit: Ein gebrochenes Herz

Einseitige Liebe

Seit langer Zeit bin ich wieder überwältigt von Gefühlen
Hast es geschafft mein Herz wieder aufzuwühlen
Dachte die Liebe in mir existiert nicht mehr,
doch verliebt habe ich mich in dich, und zwar sehr
Ein Blick und ich sah dich an herzrasend
Faszinierst mich in jeder Hinsicht -steh vor dir Nichts sagend
Jedes Mal, wenn sich unsere Blicke trafen machte mein Herz einen Sprung
Mein Herz hat lang nicht mehr die Melodie der Liebe gesung
Ich wünsch mir deine Nähe, wünsch mir deinen Kuss
Es ist so hart, dass du sagtest, das ich dich vergessen muss
Wie soll ich's anstellen, wenn ich immer an dich denke,
selbst, wenn ich es versuche, dass ich mich von dir ablenke
Ich starr stundenlang mit Tränen in den Augen dein Bild an
Es tut mir so weh, dass ich nicht in dein Herz kann
Küsse dein Bild, Tränen überrollen mein Gesicht,
denn Hoffnung für uns beide gibt es deiner Meinung nach nicht
Ohne dich existiert in mir kein Gefühl, kein Herz
Fühl mich tot ohne dich, keine Freude, kein Glück, keine Trauer und kein Schmerz
Du sagtest ich bin eine tolle Frau und bildhübsch,

aber wenn ich dein Herz damit nicht erreichen kann,
weiß ich nicht was mir das nützt
Ich hielt das Glück in meinen Händen als du sagtest,
dass wir uns hätten küssen könn
Leider wollte man mir dieses Glück nicht gönn
Du sagtest du fühlst dich von mir angezogen
Würdest du sagen so sehr wie ich von dir, dann wäre
das gelogen
Denn im nächsten Moment sagtest du, du kannst nicht
der Mann für mich sein
Für eine Liebe mit dir wäre ich viel zu unerfahren und
zu klein
Du sagtest es fühlt sich falsch an für dich,
aber was ist es das sich falsch anfühlt, empfindest du
doch was für mich?
Denn was fühlt sich falsch an, wenn da eigentlich
nichts ist?
Ich geb's ja zu dieses Gefühlschaos ist der reinste
Mist
Ich habe so viel Angst, dass ich dich ganz verlieren
kann
Bist in meinen Augen doch der perfekte Mann
Du verlangtest, dass ich dich auf der Stelle vergessen
sollte
Meine Liebe ist zu stark, Ich kann es nicht, selbst
wenn ich es wollte
Bitte lass mich nicht allein, bitte lass mich nicht zu-
rück
Ohne dich entfernt es sich immer mehr von mir das
Glück

Wie Magneten

Wir beide sind wie zwei sich anziehende Pole
Wir beide sind wie Minus und Plus, sind wie diese Symbole
Wir beide sind zwei sich anziehende Magneten
Sehen wir uns schießen unsere Pheromone in die Luft wie Raketen
Gegensätze ziehen sich an war noch niemals so wahr
Sind mal zwei Streithähne, mal wie zwei Verliebte vorm Altar
Für das zwischen uns gibt es keine Definition
Dafür gibt es kein Fachwort, wie ambivalent oder Levitation
Die einzigen Informationen darüber können in der Physik gefunden werden
Denn wir beide sind zwei menschliche Magneten auf Erden

Unsere Geschichte

Die Spannung auf das was noch zwischen uns geschieht ist größer als die in einem Thriller
Nur geht es bei uns um Anziehungskraft, nicht um einen hinterlistigen Killer
Vielleicht kommt es in einem Kapitel zur Fusion unserer Lippen
Vielleicht wirst du ganz sanft an meinen und ich an deinen nippen
Vielleicht entsteht bei uns eine heftige Reaktion, wie zwischen Eis und Salz
Vielleicht fallen wir beide uns schon im nächsten Kapitel sofort um den Hals
Vielleicht bringen wir beide uns in einem der Kapitel zum strahlen
Und vielleicht dürfen wir am Ende unsere Signatur in das Herz des anderen malen
Vielleicht sind wir aber auch die Protagonisten in einem Drama und nicht in einem romantischen Buch
Wer weiß was der Autor sich dachte bei diesem waghalsigen Versuch
Sein Versuch ist waghalsig, denn wir beide sind totale Gegenteile
Doch vielleicht ist gerade das sein Mittel gegen Langeweile
Letztendlich sind jedoch wir beide die Motoren der Geschichte und diejenigen, die über das Ende entscheiden
Es liegt an uns, ob es ein Happy End gibt oder ein dramatisches Ende in dem wir uns meiden

Zum Lachen

Nur ein ...?

Zusammengesetzt aus vielen einer Gruppe
Alphabet nennt sich die Truppe
Von A bis Z kann der Inhalt sein
Und auch ü,ä,ö und ß mischen sich manchmal ein
mal groß-, mal kleingeschrieben
mal ein Nomen wie Sieg, mal ein Verb wie
siegen
auch das Adjektiv soll nicht vergessen sein
so nennen wir zum Beispiel „klein"
Du benutzt es zum reden...
Es ist sinnlos?
Von wegen!
Von einem Wort hier die Rede ist,
damit man es zwischen den ganzen Sätzen nicht vergisst!

Das Leben aus der Sicht einer Parkbank

Als Nachbar einen grünen Riesen
rundherum grüne Wiesen
Auf mir wächst schon das grüne Moos
Wann ist hier endlich mal was los?
Aus weißem Holz bin ich geschnitzt
Herzen hat man in mich geritzt
Würde gerne in die Welt hinausgehen,
doch muss immerzu an einem Ort stehen
Tag ein Tag aus kann ich zusehen,
wie die Leute spazieren gehen
Manchmal leistet mir jemand Gesellschaft
Macht auf mir die ein oder andere Bekanntschaft
Ich guck zu wie die Kinder spielen
oder wie sich ein Mann und eine Frau heimlich anschielen
Ich sehe wie sie Geschichte schreiben,
während sie auf mir verweilen
Ich sehe sie vom ersten Kuss, und wenn es einen gibt
– bis zum Schluss
Der Park, der ist mein Revier
Meine Heimat, die ist hier
Hier unterm freien Himmelszelt
steh ich schweigsam in der Welt

Das Internet

Ein Netz gespannt aus vielen Fäden,
kann nur mit Usern überleben
Für einige ein wahrer Segen
Für andere ein Grund sich aufzugeben
Die Beute dieses Wesen
Nutzer die seinen Inhalt lesen
Einer der Köder G**gle Maps
wir sind hilflos gehen dieses Netz
Doch wer ist die Spinne
Ganz ehrlich, viele wissen es nicht
Sie sind in diesem Punkt genauso ratlos wie ich
Drum sollte man dem Netz nicht zu viel verraten
Denn seine Lieblingsspeise sind persönliche Daten
Es wartet gespannt auf seine Beute,
dennoch ist es eines der Weltwunder von heute

Verkehrte Welt

Das Ohr kann sehen
Die Nase gehen
Der Fuß kann saufen
Die Augen laufen
Die Hände können hören
Und alle können sie stören

Der Teekessel kann siegen
Der Ofen fliegen
Der Löffel niesen
Das Messer den Teig vermiesen
Die Gabel kann malen
Und alle sind sie Randalen

Rot ist blau,
Blau ist Rot
Und die Wahrheit, die ist tot

Märchengeschichten

Der Wolf ein rotes Käppchen wollte,
doch nicht als Schmuck, sondern als Beute
hinzu trank er noch gierig Wein
Wie es wohl ist als Wolf Alkoholiker zu sein?

Die 7 Zwerge wohnen hinter 7 Bergen
Wo Sie ein Mädchen mit Haar so schwarz wie Ebenholz verbergen
Obwohl Sie so klein sind hauen Sie fleißig Stein
Wie es wohl ist ein Zwerg von nicht sonderlicher Größe zu sein?

Hans im Glück tauschte alles ein
Irgendwann bekam er ein Schwein
Er war von dem Tier ganz entzückt
War es vielleicht der Schlüssel zu seinem Glück?

Bruder und Schwester verliefen sich im Wald
Dort war es tropisch und nicht kalt
So kam es, dass das Haus der Hexe schmolz,
so wurde Hänsel mit Schokopudding gefüllt nicht mit Holz
Ob er danach noch Hunger hatte?
Wenn ja trank er einen Kaffee Latte?

Im letzten Märchen geht es um dich
Denn dein Prinz/ deine Prinzessin der/die bin ich
Zumindest in meinen Träumen, aber vielleicht kannst du ja auch in der Realität einen Platz in deinem Herzen für mich freiräumen?

Musik

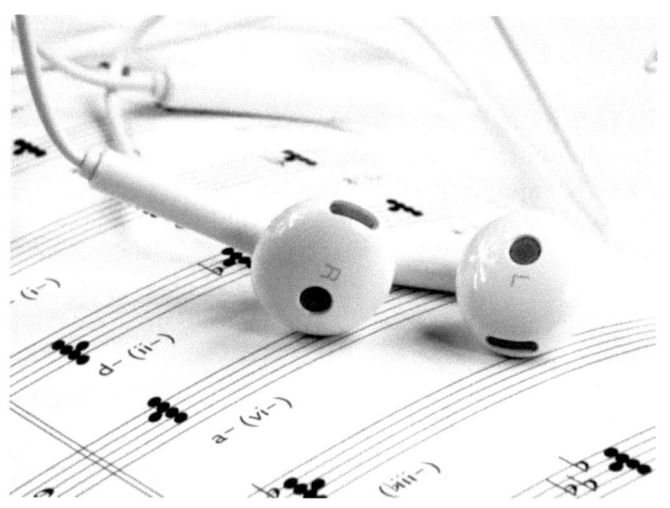

Melodie liegt in der Musik

Melodie liegt in der Musik
Musik ist in jedem Lied
In jedem Lied gibt es Töne
Manchmal schiefe, manchmal schöne

In jeder Note liegt ein Klang
Komplett wird dieser durch Instrument oder Gesang
Zu jedem Gesang gehört auch ein Sänger
Sei es in König der Löwen oder in Der Vogelfänger

Zu jedem Lied gehört ein Komponist
manche schreiben Schönes, manche Mist
Ohne Komponist gäbe es auch kein Lied
Wo wohl seine Musik ohne Mozart blieb?

Mein Lieblingslied

Ich frag mich, was ist mein Lieblingslied
Ich beschäftige mich doch so oft mit der Musik
Wieso will es mir trotzdem nicht gelingen
Mein Lieblingslied zu singen

Ich glaube es ist der Zwang
Der Grund warum ich nicht singen kann
Mein Musiklehrer nimmt schon den nächsten dran
Ich höre ihn singen
und frage mich warum will mir das nicht gelingen

Doch dann komm ich zu dem Entschluss,
das ich heute nicht singen muss:

Denn singen soll man weil man's liebt
Nicht damit man gute Noten kriegt

Der musikalische Mann
(Gedicht zu Opas 80. Geburtstag)

Es zog ein Mann in eine kleine Stadt,
die genau wie er ein reines Herz hat
musikalisch begabt ist dieser Mann
Er das Akkordeon spielen kann
Einen harmonievollen Klang
gibt seine Stimme auch dem Chorgesang
Er kann auf dem Rhythmus federleicht wie auf Wolken fliegen
Man merkt, dass sein Mund und seine Ohren Klang und Töne lieben
In Eckernförde seiner Heimatstadt spielen die Kirchenglocken ihr Spiel
Er besitzt ein Stück der Kirche: einige Orgelpfeifen, wenn auch nicht viel
Viel mehr besitzen die Gemeinde und die Kirche ein Stück von ihm,
Wie oft hat er ihnen wohl schon seine Stimme geliehn?
Jeder der ihn hört ist sich bewusst
Ihm zuzuhören ist ein Genuss
Mittlerweile ist er ein 80-jähriger Mann
Der trotzt seines Alters noch jeden Ton, treffen und spielen kann
Dieses Fest, sein 80.ter sei Musik in seinen Ohren,
denn er wurde als Hauptfigur dieses Gedichtes auserkoren

gewidmet: Meinem Opa Willi

Natur

Regenbogenlandschaft

Dunkelheit
Es ist Nacht
Doch kein Mond über der Landschaft wacht
Es ist ein Regenbogen der seine leuchtenden Farben verströmt
und die Freude der Menschheit um eine Stufe erhöht
Ein unbekannter Künstler hat ihn geschaffen
mit Farbe und Pinsel seiner Kreativität freien Lauf gelassen
6 leuchtende Strahlen am Himmelszelt
tragen Hoffnung in die dunkle Welt

Vogelgezwitscher

Vögel lieben ihre Stimmen
mit ihnen sie die Luft erklimmen
In der Luft sie für uns singen
Während wir auf der Erde miteinander ringen
Doch hören wir sie ist alles still
Weil jeder von uns ihr Gezwitscher hören will
Friede kehr auf der Erde ein
So sollte es immer sein

Gewitter

Es rummst der Donner
immer doller
Ein Gewitter ist entfacht
Thor sich in die Fäuste lacht

Blitze fliegen
Dunkle siegen
mit der Macht
die das Gewitter hat

Der Blitz zerstört
wir sind empört
was das Gewitter anrichtet
Es vernichtet
Unseren Lebensraum
Doch man glaubt es kaum
Es war alles nur ein Traum

Strandgefühl

Feiner gelber Sand
Wasser bis zum Uferrand
kühl, sonnig, windig, nass
Kinder und Erwachsene haben ihren Spaß
Brauchen nicht erst Süßigkeiten oder so
sondern sind auch mit Sand und Wasser froh
Viele gehen im Wasser baden
Planschen oder schwimmen wie Sportskameraden
Andere sehen lieber vom Trockenen aus zu
Genießen auf Ihrem Handtuch die Sonne und die Ruh
Am Strand tummeln sich gemeinsam Groß und Klein
Das er an warmen Sommertagen die erste Wahl ist
leuchtet ein
Genieße auch du das Strandgefühl
Und erfreue dich am Wassermolekül

Wassertropfen

Kleiner Wassertropfen fliege
Fliege mit der Liebe
Verwandle dich in Wasser der Magie
Vergiften sollst du nie
Wer dich trinkt soll gehen
Soll die Welt mit andren Augen sehen
sich ganz und gar der Liebe geben
soll geben können mehr als nehmen
Sowohl Mensch, als auch Tier brauchen dich
In diesem Punkt unterscheiden sie sich nicht
Wassertropfen -
Du bist ein Zeichen
Der Liebe
Des Lebens
Der Einigkeit
Allesamt sind sie in dir vereint

Du bist ...

Du bist
wie ein Atemzug
wie ein Schöpfer
wie ein fröhlicher Klang

Du bist
wie eine fröhliche Melodie
wie eine Wohltat
wie eine helle Stimme

Du bist
wie ein sonniger Tag
wie ein Licht
wie eine Rettung aus der Dunkelheit

Du bist ...
Der Frühling

Ozean

In unbekannten Tiefen
dort wo niemals Menschen liefen
in tiefer Dunkelheit
leben Tiere seit
der Entstehung des ersten Lebewesen
über die Artenvielfalt gibt es viele Hypothesen
Es entstand im Wasser, Element voller Leben
Fische, die im Wasser wie auf Wolken schweben
Unbekannter Raum
Schönheit wie in einem Traum
Vielfalt in Form und Farbe
Unbekannte Lage
Doch auch Dunkelheit herrscht hier
tiefenschwarz ist es im Tiefseerevier
Doch die Fische wussten sich zu helfen -
entwickelten eine Lampe
strahlend hell, wie das Licht einer Ampel
Gefressen und gefressen werden ist im Ozean ein ewiger Kreis
Beute wird hier gejagt, teilweise mit unglaublichem Fleiß
Ein riesiger Freiraum
unerforschtes Meer
Doch eins wissen wir
Es ist voller Leben, keinesfalls leer!

Der Marienkäfer

Rot mit Punkten übersät
Er in deinem Garten lebt
Auf Blättern kannst du ihn finden
Näherst du dich ihm jedoch zügig wird er verschwinden
Mit zwei Flügeln ist er bestückt
Er ist ein Zeichen von purem Glück
Schau draußen nach, ob du ihn entdeckst
wenn er sich nicht zu gut versteckt
wirst du sehen was er ist für ein schönes Tier
und dann wird er das Glück bringen - auch zu dir!

Kalter Spion

Schritte
ganz leise
Er ist wieder auf der Reise
Ein Hauch
sein Atem ganz kalt
Das Laub raschelt leise im Wald
Hinter ihm wird alles grau und weiß
Er nimmt die Farbe
mit furchtbarem Fleiß
Den Wolken hat er befohlen:
Los, schneit weiße Kohlen!
Die auf der Erde zu Pulver zerfallen
Den Herbst wagt er anzufallen
Er nimmt die Wärme und das Licht
Weißt du von wem hier die Rede ist?
Er ist einer der Vier
Die ganze Welt ist sein Revier
Den Norden hat er voll eingenommen
Der Süden ist ihm fast entkommen
Am Ende vom Jahr schleicht er sich leise davon
doch im nächsten Jahr beginnt er von vorn
Also Frühling, Sommer, Herbst nehmt euch in Acht
Der Winter bald wieder erwacht!

Komm her, bewundere das Meer

Der Sonnenuntergang am Meer
Der Strand ist fast leer
Komme ruhig her
und bewundere das Wunder

Das Meer ist ein toller Lebensraum
Fische tummeln sich hier wie im Traum
Das Meer ist ein wahrer Segen
für das Weltwunder Leben
Komme ruhig her
und bewundere das mächtige Gewässer

Die Fische klein und groß
Wir sind fassungslos
Von der Schönheit der Natur
Sie ist Wunder pur
Komme ruhig her
und bewundere die Meerestiere

Wir sind am Meer
Die Sonne ist nicht mehr zu sehen
Komm –
Lass uns nun nach Hause gehen

Wo wohne ich?

Menschen wohnen in einem Haus
in einem Loch die Maus
in einem Bau der Fuchs
und auch der Luchs
Der Maulwurf in einem unterirdischen Gang
auch der Regenwurm kriecht dort mal lang
Die Vögel leben lieber in ihrem Nest
Und manche wohnen gar nicht fest

Und wo wohne ich?
Rätsle nicht, ich verrat es dir,
Mein zu Hause das ist: du und ich als Wir
Mein zu Hause ist dort wo du gerade bist
Denn zu Hause ist wo man sich nicht vermisst

Glasklar

Glasklar wie frisch geputzte Fensterscheiben
Feuer und Kraft gehören zu seinen Feinden
In verschiedenen Formen, zum Beispiel in Zapfen
Ein Tier hinterlässt leise seine Tatzen
Die Fische sind unter seiner Decke gefangen
haben keine Möglichkeit an die Luft zu gelangen
An den Dachrinnen sammelt es sich in Stangen
Wenn es kommt ist der Himmel meist wolkenverhangen
Es ist eiskalt bis die Hitze kommt
Bis es sich in der Wärme der Sonne sonnt
Dann tropft es in kleinen Mengen
verkürzt sich in den Längen
Flüssig wird sein Zustand
das Wasser schiebt es an den Rand
So hat sich das Eis zu Wasser gewandelt
Dem Winter gehört das Eis, dem Sommer das Wasser
So haben die Jahreszeiten untereinander verhandelt

Wolkentraum

Wir liegen auf einer Wiese
schau über uns ein Riese
aus feinstem Zuckerschaum
Ist es nicht ein Traum
die Wolken anzuschauen?

Vorbei an uns fliegt ein Hahn
Wir sehen uns verträumt an
Vorbei kommt auch ein Pferd
Ist Wolkenschauen nicht viel wert?

Wir schauen uns Wolken an im März
Wir sehen da kommt ein Herz
Es schwebt hoch über uns, wir können es nicht erreichen,
aber vielleicht war es ein Zeichen!

Atemberaubender Ausblick

Durch das Glas ist die Skyline der Stadt zu sehen
Man sieht durch die Scheiben das lebhafte Geschehen
Durch ein anderes Fenster erblickt man eine atemberaubende Landschaft
Was sich vor den eigenen Augen befindet ist einfach nur traumhaft
Durch das durchsichtige Material sieht man Berge, die vom Schnee bedeckt sind
Bei diesem Anblick freuen sich die Augen wie ein kleines Kind
Ein anderes Fenster zeigt das blaue Meer
Man schaut beruhigt den segelnden Schiffen hinterher
Irgendwo anders sieht man durch das Fensterglas einen traumhaften Strand
Vor einem befindet sich eine wunderschöne Aussicht auf Meer, Palmen und weißen Sand
Überall auf der Welt bietet die Natur einen atemberaubenden Ausblick
Sei es auf Flora, Fauna oder wunderschöne Botanik
Wir sollten diese Wunder der Natur zu schätzen wissen
Denn jeder von uns liebt diese eindrucksvollen Kulissen

A little bit of English

Denglisch

Die Stars sind nicht berühmt, sondern fame
Ein Spiel ist kein Spiel, sondern ein Game
und aus Internet Explorer 8
wird ein Webbrowser draus gemacht
Es nicht Autorestaurant mehr heißt
sondern kurz und schmerzlos nur MCDrive
Ein Käsebrötchen wird ein Cheeseburger sein
und ab jetzt heißt es little nicht mehr klein
Es heißt I love you, anstatt Ich liebe dich
Das Vermischen der Sprachen ist ganz neuzeitlich
Bedeutet aber nur die beiden Sprachen mögen sich
Drum heißt ein Kaffee zum Mitnehmen jetzt Coffee to go
und Deutsch und Englisch sind nur noch als Denglisch froh

Finding your way through life

Some decisions in life are hard
nothing is easy, especially not in the start
Sometimes you get lost on your way,
but you have to keep on fighting everyday
Sometimes the purpose of your life is not clear
making wrong decisions your biggest fear
Some days will be dark, but others will be bright
never give up, at the end of the tunnel there's always gonna be a light
Sometimes you are going to wonder if things are right or wrong
In that moments remember: Life is like a song!
There's no song with a steady melody
There are up and lows and there will always be
That doesn't mean people are going to like the song less
Actually, you will like the song more, you have to confess
So, without high and lows what would life be?
Probably it wouldn't either be your cup of tea
So, when looking for life's purpose, keep in mind
A life with happiness and sadness uncombined
is impossible or at least very hard to find
All left to say is follow your heart
and you will stop falling apart!

I miss you

I miss you all day and night
In dark times, you are my light
Can't stop thinking about you all the time
You are my poem to the rhyme
Can't stop to see you in my dreams
This love is even stronger as it seems
Can't live a minute without you in my mind
Someone like you is so hard to find
My heart beats every time I see you
Believe me it is true
I love you

You are my life

My life, my love, my everything
I don't even know how to begin
I'm sure you are the one for me
The one I dreamed of in my fantasy
I think we are meant to be together
And I hope this will last forever
With you by my side I feel fine
I am so happy you are mine
My light, my happiness – all is you
If you are gone, what should I do?
You will always be my number one
And I want no moment with you undone
You are my life,
You are my love,
You are my one and only, my everything
And that's why I want to give you this wedding ring

74

Gesellschaft

Geld regiert die Welt

Wer regiert heutzutage die Welt?
Es sind die Münzen und Scheine, das liebe Geld
Willst du dir einen Wunsch erfüllen
Musst du erst den Inhalt deines Portemonnaies enthüllen
Egal was, alles muss man bezahlen
Was Geld anrichten würde konnte man nicht erahnen
Es geht nur noch darum wer am meisten hat
Ich hab die Habgier der Menschen sowas von satt
Am liebsten würde ich all mein Geld verbrennen,
doch dann würde ich mich selbst zum Obdachlosen ernennen
Wegen des Geldes sterben Menschen, wegen Habgier und Macht,
hat man bei der Erfindung nicht über die „Natur des Menschen" nachgedacht?
Geld, es entscheidet über Leben und Tod
Anderseits hilft es auch so manchen aus der Not
Aufgrund helfender Hände, durch großzügige Spenden
Musste das ein oder andere Leben noch nicht enden
Dennoch mussten schon so viele aufgrund eines Mangels an Geld sterben
Wann wird dieser Albtraum endlich beendet werden?

Ein Gedicht für alle die krank sind

Es soll euch geben Glaube, Mut und Kraft
Es soll euch zeigen, dass Ihre diese Krankheit zu überwinden schafft
Ihr müsst dem Ganzen nur Glauben schenken
Dann werdet ihr die Kräfte der Krankheit senken
Denkt immer an die Menschen die euch lieben
Mit ihrer Hilfe könnt ihr über das Böse siegen
Auch Gott der Vater ist bereit
Kommt mit seinen Kräften zu euch geeilt
So wollen die, die euch lieben
Euch ihre Kräfte geben
So nehmt sie an und ihr werdet sehen
bald könnt ihr wieder auf zwei Beinen stehen
Denkt daran ihr seid nie alleine
Selbst wenn es manchmal so scheine
Mindestens einer ist immer für euch da,
Gott der Vater, ist das nicht wunderbar?
Ich bin mir sicher ihr habt die Kraft,
vertraut auf die, die euch lieben nicht die Wissenschaft
Ich bin mir sicher dann wird das Übel verschwinden
Und ihr könnt ganz rasch die Krankheit überwinden!

Glück

Glück ist ein Geschenk
meist begegnet es uns in kleinen Mengen
Das Pech würden wir gerne verdrängen
Doch ohne Pech gäbe es auch kein Glück
dann wünschten wir uns in der Zeit zurück
Ein Symbol vom Glück
Ist das Einpfennigstück
Und auch das rosa Schwein
soll ein Bote des Glückes sein
Jedoch ist es der Zufall der bestimmt,
ob er das Glück gibt oder nimmt
Sollte dir das Glück geschenkt werden
gehörst du zu den glücklichsten auf Erden
Doch denk dran verschwende es nicht,
denn es war ein kleines Geschenk an dich

Wenn du traurig bist

Wenn du traurig bist dann soll dieses Gedicht dich trösten,
Es soll deine Tränen trocknen, auch die größten
Vielleicht bist du unglücklich verliebt
oder aber auch traurig über Verlorene im Krieg
Vielleicht bist du einsam
Oder traurig, weil er nicht nach Hause kam
Vielleicht bist du von irgendwas verletzt
Oder es hat dich irgendwas entsetzt
Vielleicht laufen dir jetzt Tränen über das Gesicht,
weil du glaubst etwas Schlimmeres als du erlebt hast gibt es nicht…
Dann ist dieses Gedicht für dich!

Leg dich hin
Komm zur Ruh
Und mach ganz die Äuglein zu
Das nun in deinem Traum, das bist du
In ihm bist du glücklich und froh
In glücklichen Momenten ging es dir so
Erinnere dich zurück an diese Zeit
Erinnere dich an Liebe, Glück, Gerechtigkeit
Die schönen Erinnerungen bringen das Schöne zurück,
hab keine Angst, bald wirst du wieder schwimmen im Glück

Bewahre all diese Erinnerungen wie einen Schatz
Genau wie jeden einzelnen positiven Satz
Sollte es dir trotzdem noch schlecht gehen
Brauchst du nur in die Welt des Traumes zu gehen

Nun habe nur Mut,
Ich sage dir alles wird wieder gut
Denn du bist stark und hast die Kraft,
dass du bald wieder lachst!

Schweigen

Die Lippen bleiben verschlossen
Kein einziges Wort wurde je aus dem Wortschatz dieses Mundes vergossen
Die Sprache die er spricht ist die der Stille
Er braucht nicht stumm sein, es reicht allein der Wille
Niemand konnte ihm je ein Wort entlocken
Er bleibt weiter stumm, ganz unerschrocken
Nicht ein Wort, nicht ein Summ
Dieser Mensch bleibt weiter stumm
Kein Arzt, der je erkannte,
dass er Hören sowie sprechen kannte
Denn seine Liebe galt der Stille,
niemals ein Wort zu sagen war sein Wille
Niemals ein Wort von sich zu geben,
einfach weiter in seiner Welt des Schweigens zu leben
Man konnte diesen Menschen nicht durchschauen,
Er sammelte Geheimnisse, den jeder konnte ihm vertrauen
Jeder war sich sicher er nahm die Geheimisse mit ins Grab
Denn die Worte, die schuf er für sich ab
Er entführte Worte, hielt sie in sich gefangen
Niemand konnte je an seinen Wortschatz gelangen
Doch irgendwann fand er sein Leben, seine große Liebe
Und siehe
Die einzigen Worte die er von sich gab waren: Ich liebe dich

Doch ein neuer Beginn war es nicht
Es war und blieb das Einzige was er je sagte
Das Einzige was er zu sagen wagte
Er verkroch sich wieder in die Welt ohne Worte, seine eigene Welt
Denn das Schweigen war sein geliebtes, schützendes Zelt
Doch die Frau, der er sagte: Ich liebe dich
Die Frau, die er liebte verließ ihn trotzdem nicht,
denn in der Liebe sind es die Taten, nicht die Worte die zählen
Schon bald wollen die Beiden sich vermählen
Sie verstehen sich dank Taten auch ohne Worte
Reden wird er erst wieder kurz vorm Anschneiden der Hochzeitstorte

Herrscher und Regenten

Herrscher gibt es überall auf der Welt
Viele von ihnen haben Massen an Geld
Obwohl sie es in Massen haben,
können sie es nicht ertragen
auch nur einen Cent an die Armen zu geben,
die das Geld viel nötiger hätten, um zu leben
Im Gegenteil sie lassen sie zahlen in Form von Steuern,
Sie geben ihr Bestes, das Leben für andere zu überteuern
Sie sind sich sehr wohl bewusst, ihrer Macht,
doch bei Ihnen wird zuerst an sich selbst gedacht
Es werden tausend von Strategien erschaffen, die helfen das eigene Geld zu vermehren
Und die gleichzeitig den Geldbeutel der Untertanen leeren
Den ein oder anderen hat ein Herrscher schon in die Armut getrieben,
denn nur das eigene Wohl wird bei den Regenten großgeschrieben
Man lässt andere seine Lebenskosten tragen
Und wehe es sollte mal jemand nach einem Penny fragen
Ich frage mich wann der ganze Wahnsinn endet
Und sich jeder der Regierenden zum Guten wendet

Ich möchte

Ich
möchte wie ein Vogel fliegen
möchte wie ein Sieger siegen
möchte frei sein wie ein Adler
möchte weise sein wie Gott der Vater
möchte schlau sein wie ein Fuchs
und möchte sehen können wie ein Luchs

Ich möchte dies und möchte das,
trotzdem macht mir mein eigenes Leben Spaß

Stimmen

Ich wache auf
höre Stimmen
schöne Stimmen
Vogelstimmen
mit zartem musikalischen Klang

Ich gehe raus
höre Stimmen
fröhliche Stimmen
Kinderstimmen
mit lautem wohltuenden Klang

Ich schlafe ein
höre Stimmen
verschiedene Stimmen
unterbewusste Stimmen
Stimmen des Traums

Träume im Gefühl der Angst

Träume von der Angst
Träume von der Furchtlosigkeit
Träume vom Versagen –
All das sind Träume von dir und mir

Angst vorm Versagen
Angst vor der Stimmlosigkeit
Angst vorm Alleinsein
Angst vor der Angst –
All das sind Ängste von dir und mir

Gefühl der Angst
Gefühl des Glücks
Gefühl der Liebe
Gefühl der Trauer –
All das sind Gefühle von dir und mir

Träume, Ängste, Gefühle –
Alle kennen wir die Drei

Gerüchte

Unwahrheiten unter denen andere leiden
Lügner die Gerüchte verbreiten
Gebe dich in Acht vor ihnen
Sie wollen mit deinen Gefühlen spielen
Hinter deinem Rücken reden sie über dich
Ich hoffe du vergisst nicht,
dass das was sie sagen nichts die Wahrheit ist
Ja, auch die Wahrheit kann verletzen
jedoch wird sie dich nie in solche Schwierigkeiten vernetzen
Drum kämpfe für die Wahrheit
Und bring in diese Welt ein bisschen Klarheit

Deine Stimme, seine Stimme

Deine Stimme
leise
lautlos
unscheinbar
kraftlos –
einfach machtlos

Seine Stimme
laut
schallend
massiv
stark –
einfach kraftvoll

Möchtest du seine Stimme haben kleines ängstliches Mädchen mit zarter Stimme?
Möchtest du seine Stimme haben, die andere mit Worten verletzt?
Möchtest du das?
Wenn du ehrlich bist, nein oder?

Menschenschänder

Du tust Anderen weh zu deinem Vergnügen
Du freust dich über Leute die am Boden liegen
Ist jemand K.O geschlagen ist es für dich eine gewonnene Schlacht
Du denkst durch Gewalt erhältst du Macht
Andere Menschen siehst du als deine Opfer
Steckst sie allesamt in einen Koffer
Du bist eine seelenlose Gestalt
Erfreust dich an sinnloser Gewalt
So einen Menschen braucht die Welt nicht,
Die einzige Lösung heißt: Ändern musst du dich!

Dein Leben

Das Leben ist zu kurz, zu lang, zu hart?
Jeder lebt sein Leben auf seine eigene Art
Es ist deine Entscheidung was du aus deinem Leben machst
Ob du im Leben viel weinst oder viel lachst
Entweder lebst du dein Leben genauso so wie du bist
Oder du verstellst dich für andere, aber das ist Mist
Denn du bist und bleibst wer du bist,
egal ob Opti- oder Pessimist
Lebe deinen Traum, denn es ist dein Leben
Deine Eltern gaben dir diesen Segen
Geh deinen Weg, egal was die Anderen sagen
Glaub mir es lohnt sich, du musst es nur wagen
Denn das Spiel heißt: Wer nicht wagt, der nicht gewinnt
Spielst du es nicht, dein Leben dir entrinnt…

Ja oder Nein?

Wer die Wahl hat, hat die Qual
Ein bekanntes Beispiel: Kopf oder Zahl?
Wir fragen uns ob Ja oder Nein
Oder vielleicht doch lieber: Jein?
Oft stehen wir im Leben vor solchen Fragen
Dann heißt es sich sicher sein oder wagen
Und sollte man mal die falsche Entscheidung treffen
Darf man trotzt allem nicht vergessen
Die Entscheidung, egal ob groß oder klein
Sollte Teil unseres Schicksals, Teil unseres Lebens sein

Erinnerungen

Erinnerungen sollst du bewahren,
denn sie sind mit nichts auf der Welt zu bezahlen
Erinnere dich an die Zeit zurück
In der du schwammst in purem Glück
Und sollte jetzt gerade so ein Zeitpunkt sein,
dann sei geschwind und fang ihn ein
auch er soll Teil deiner Sammlung sein
Genauso wie jeder glückliche Moment,
der dich vom Fallen in die Trauer trennt
Das kann sein die Erinnerung an die große Liebe,
Oder die Erinnerung an einen deiner Sportlersiege
Das kann sein die Erinnerung an ein Geschenk
Oder die Erinnerung an einen ganz anderen Moment
Ganz egal was dich macht glücklich
Hauptsache ist die Erinnerung an es entzückt dich
Denk daran diese Momente machten dich froh
und die Erinnerung an sie ebenso
Denk dran, wenn diese Erinnerungen sich in deiner Obhut befinden,
werden dir dein Mut und dein Lächeln niemals mehr entschwinden

Masken

Viele Menschen zeigen nicht ihr wahres Gesicht
Ihren wahren Charakter erkennt man an ihrer Miene nicht
Es ist schwer zu sagen, ob sie gut oder böse sind
Sind sie hinterlistig oder unschuldig wie ein kleines Kind
Sie tragen eine Maske, lassen nichts erkennen von ihren wahren Wesenszügen
Sie tragen sie stolz, als ob nichts besser wäre als ihre Umwelt zu betrügen
Ihr wahrer Charakter ist ein ganz anderer als diese Menschen zeigen
Ihre wahre Identität wollen Sie um jeden Preis verschweigen
Einige wollen nur ihre Emotionen vor dem Gerede anderer bewahren
Andere wollen nicht das andere von ihren Intrigen erfahren
Heutzutage zeigt nicht jeder sein wahres Gesicht
Drum gibt Acht nicht jede Maske hält, was sie dir verspricht

Sonne, Mond und Sterne

Sonnenlicht

Die Sonne scheint am hellen Tag,
ob der Mond die Sonne mag?
Das Licht der Sonne ist hell wie ein Gewitterblitz
Was die Sonne dem Mond wohl nützt?

Ein Sonnenstrahl und die Menschen tuen Dinge gerne,
ob das selbe wohl gelingen würde dem Licht der
Sterne?
Sonnenlicht und die Menschen wollen nimmer mehr
ruhen
Würden Sie es beim Mondlicht nicht immer tuen?

Die Sonne und der Mond sind ein ungleiches Paar,
Ihre Fernbeziehung trotzt allem ganz wunderbar
Die Sonne gibt dem Mond die Kraft
Ihre Fernbeziehung ist ganz vorbildhaft

Sonne, Mond und Sterne,
haben wir Sie denn nicht alle gerne?

Dunkle Nacht

Die Wolken sind schwarz,
Die Nacht, die ist dunkel
Man sieht nur noch Sternengefunkel

Die Hand ist nicht vor den eigenen Augen zu sehen
Die Eulen auf die Jagd nach Mäusen gehen
Die Nacht, die ist dunkel,
Man sieht nur noch Sternengefunkel

Die Sonne ist schwarz,
Die Winde, die rauschen
Die Menschen der Stille der Nacht lauschen
Die Nacht, die ist dunkel
Man sieht nur noch Sternengefunkel

Der Himmel ist schwarz
Die Nacht, die ist still
Fast alles schläft, ganz so wie die Nacht es will
Die Nacht, die dunkel
Man sieht nur noch Sternengefunkel

Licht

Helles Licht
erhellt den Tag
macht Menschen stark
erhellt die Stunde
hat Gold im Munde

Das Licht, das kommt von der Sonne
Das Licht, das gibt Menschen Kraft und Wonne
Das Licht, das ist auch bei dem Mond
Wo es zusammen mit einem grünen Männchen wohnt

Licht ist für uns alle ein Segen
Licht begleitet uns auf all unseren Wegen
Das Licht, das ist
Für alle, die es leben
Für alle, die es lieben
Für alle, die mit ihm siegen
Für alle, die mit ihm fliegen
Für alle, die für das Gute sind
Und Für alle, die denken können wie ein Kind

Das Licht reist mit Lichtgeschwindigkeit
Tappt jemand im Dunkeln, kommt es herbeigeeilt

Glauben

Der Tod

Keiner weiß wer er ist,
Keiner weiß was er ist,
nur das er ist!

Er nimmt Leben
Er ist beängstigend
Er erfreut sich am Unglück
Er macht Angst

Keiner weiß wer er ist,
Keiner weiß was er ist,
nur das er ist!

Er ist überall
Er ist nirgendwo
Er ist Unsichtbar
Er ist sichtbar

Keiner weiß wer er ist,
Keiner weiß was er ist,
nur das er ist!

Er ist die Hoffnung auf einen Neuanfang
Er bringt dich in das Paradies
Er bringt uns in manchen Fällen die Erlösung
Er bringt uns zurück zu geliebten Verstorben

Keiner, der weiß ob er hält was er verspricht
Doch jeder der glaubt weiß, das Ende von allem ist er nicht

Du gibst mir Kraft

Du gibst mir Kraft
Du gibst mir Mut
Ich fühle mich wohl in deiner Hut

Du gibst mir Hoffnung
Du gibst mir Glaube
Du bist so etwas wie meine Friedenstaube

Du gibst mir Stärke
Du gibst mir Macht
Du beschützt mich sogar in der Nacht

Du gibst mir Freude
Du gibst mir Glück
Du erwartest jedoch nichts von mir zurück

Ich möchte dir geben was du mir gibst
Ich möchte dich lieben wie du mich liebst
Doch ich weiß, das kann ich nicht
Es ist so wie es ist
Weil ich nicht weiß, wer du bist

Auf die Lösung muss ich vielleicht noch lange warten,
aber mit dem Helfen, so wie du es tust, werde ich jetzt
starten

Sonstiges

Ich bin die Fantasie

Ich bin die Fantasie,
die Wahrheit erzähle ich so gut wie nie,
doch wenn ihr nur an mich glaubt,
mit den Augen eines Kindes schaut,
dann könnt ihr meine Lügengeschichten realisieren
und die Wahrheit wird gegen mich verlieren

Dann werden eure unrealistischen Gedanken wahr,
alles um euch rum ganz wunderbar
Dann können Pferde fliegen
und Igel bei Olympia siegen
So glaubt daran und bringt,
was nur mit Glauben an die Unwahrheit gelingt

Ich bin die Fantasie
mit mir gibt es fantasievolle Trauben
Ich lebe vom Glauben,
lebe von Geschichten,
lebe von Leuten, die mit mir dichten

So glaube an mich und ich erwecke auch deine Fantasien zum Leben
und vergesse ja nicht meine Geschichten wiederzugeben
Denn von den Geschichten, von denen lebe ich
Also bitte, bitte erzähl über mich

Urlaubsträume

Viele träumen vom Urlaub auf den Malediven,
weil sie einfach Strände lieben
Andere träumen vom Urlaub in der Türkei,
am schönsten wäre es der Urlaub gehe nie vorbei
Auch gibt es welche die träumen vom Urlaub in Griechenland
Sie träumen vom Urlaub an Meer und Strand
Einige träumen auch vom Urlaub in Schweden
Sie fragen sich wie schön es sein muss in diesem Land zu leben
Viele träumen auch von Dänemarks Pracht
Dort hat man an den Stränden viel gelacht
Andere fänden einen Urlaub in Italien schön,
denn sie würden gerne jeden Tag ein Eis essen gehen
Andere träumen vom Urlaub in Österreich
Baden gehen möchten sie im Teich
Für einige Leute ist auch Norwegen
ein wahrer Traum und Urlaubssegen
Es gibt auch welche, die wollen in Spanien die Sonne sehen
und am liebsten den ganzen Tag spazieren gehen
Auch Sylt, Rügen und Hawaii sind für viele schön anzusehen,
doch ich, ich brauche an keinen dieser Orte zu gehen
Denn mein zu Hause du bist,
doch noch der Ort, wo es am schönsten ist

Unsere Eltern

Ein Vater der ist für seinen Sohn
der weise Mann auf dem Thron
Eine Mutter die ist für ihr Kind
jemand dem einfach alles gelingt
Beide zusammen sind sie ein Paar
und machen Kindesträume wahr
Auch wenn die beiden Mal streiten sollten
Wissen alle, dass sie es nicht so wollten
Dann beheben Mama und Papa die Krise schnell
und der Blick der Kinderaugen wird wieder hell
Die Liebe von Mutter und Vater für ihr Kind ist nicht zu messen
Liebe Mama, lieber Papa, dass es andersrum genauso ist dürft ihr nicht vergessen
Wir Kinder lieben unsere Eltern abgrundtief
Selbst wenn im Streit mit euch mal die ein oder andere Träne über unsere Wange lief
Mama und Papa nur mit eurer Hilfe sind wir stark
Mit euch schaffen wir alles, egal was kommen mag
Dafür ist ein Dank an euch gerichtet
und wir hoffen, dass ihr Eltern nicht auf uns verzichtet

gewidmet: Meinen liebevollen Eltern Birgit und Ralf

Wolke 7

Sieben Minuten
Sieben Stunden
Wolke 7

Sieben Nächte
Sieben Tage
Wolke 7

Sieben Wochen
Sieben Monate
Wolke 7

Sieben Jahre
Sieben Jahrhunderte
Wolke 7

Sieben Jahrtausende
Sieben für immer
Wolke 7

Rotes Lebenselixier

Das Blut, das lässt uns leben
mit hoher Geschwindigkeit schießt es durch die Venen
Rot wie die Liebe, ein untrennbarer Bund
Die rote Farbe hält uns gesund
Lasst es geschwind durch die vielen Adern in eurem Körper schweben,
denn der roten Flüssigkeit verdanken wir unser Leben

Zeitlos

Die Zeit sie läuft
Sie bleibt niemals stehen
Die Zeit, sie läuft immer weiter und sie kann nicht sehen,
dass viele sich wünschen sie könnten ihre Bewegung umdrehen
Vergangenheit und Zukunft
Einfluss der Zeit
Ankunft und Abkunft
Zeitliche Abhängigkeit
Die Zeit, sie wurde uns gegeben
Nur der Tod kann sie uns nehmen
Doch dem der stirbt, dem sei prophezeit
Hab keine Angst, du landest in der Unendlichkeit

Schwesterherz

Egal mit welchen Worten und Sätzen ich es umschriebe
für das zwischen uns gibt es keinen besseren Ausdruck als Geschwisterliebe
Wir sind immer bereit miteinander zu lachen
und manchmal machen wir auch ganz verrückte Sachen
Ich weiß ich kann immer auf dich zählen,
und selbst wenn ich könnte, würde ich keine andere Schwester wählen
Wir sind sehr unterschiedlich, keinesfalls gleich
trotzdem gehörst du in meinem Leben zu einem wichtigen Bereich
Es gibt keinen, der uns beide trennen kann,
waren füreinander da seit dein Leben begann
Klar, gab es zwischen uns auch mal Streitigkeiten,
aber ich wage zu behaupten, dass sie uns noch mehr vereinten
Ohne dich wäre mein Leben nicht komplett,
wäre kein ganzes, wäre wie Chips ohne Fett
Du bist eine geliebte Person aus meiner Familie
Bist keck, mutig, und wunderschön, wie eine Lilie
Wärst du nicht da, wär ich manchmal ganz schön aufgeschmissen
und bin mir sicher in jeder Sekunde würd ich dich vermissen

Ohne dich wäre meine Seele erfüllt mit purem Schmerz,
denn du, du bist mein Schwesterherz!

Gewidmet: Meinem Schwesterherz Bente

Wer sind die Götter?

Essen die Götter Götterspeise?
Geht Neptun zwischen den Meeren auf die Reise?
Schießt Amor wahllos auf Leute, um sich die Langeweile zu vertreiben?
Wird es nach Thors Spiel mit dem Donner für immer dunkel bleiben?
Hilft Hermes den Dieben bei der Jagd nach Beute?
Verkuppelt Venus heimlich Leute?
Ist Ares verwickelt in einen Kampf?
Geht Athene ihm hilfreich zur Hand?
Singt Apollo ein Lied oder schreibt er ein Gedicht?
Er ist der Gott der Poesie und der Musik, oder nicht?
Wie viel Kilogramm wohl das Gewicht hat, das Hercules grad hebt?
Wie kommt es das keiner der Götter über Jupiter steht?
Spielt Juventus Videospiele, da er der Gott der Jugend ist?
Ob er das Erwachsen sein gar nicht vermisst?
Sorgt Felicitas für unser aller Glück?
Und bringt Janus uns an den Anfang des Gedichtes zurück?

Beste Freundin

Beste Freundin – Du bist die eine unter Millionen
mit dir führe ich am liebsten Konversationen
Uns zwei, uns gibt es nur im Doppelpack
Wir beide haben in vielen Dingen einen ähnlichen Geschmack
Ich weiß dir kann ich jedes Geheimnis anvertrauen
Unsere Freundschaft, die kann uns niemand jemals versauen
Du sollst wissen, dass ich immer für dich da bin,
denn bei besten Freunden heißt es niemals aus den Augen, aus dem Sinn
Du bist eine geschätzte Person in meinem Leben
Dich gefunden zu haben ist ein echter Segen
Du könntest bis ans andere Ende der Welt rennen
Ich glaube nichts und niemand wird uns je voneinander trennen
Zumindest hoffe ich das unsere Freundschaft ewig hält,
denn für mich bist du einer der wichtigsten Menschen auf der Welt
Du und ich, das ist wie in einem „Dream"
Du und ich, wir sind ein richtig gutes Team
Beste Freundin – Ich bin wahnsinnig froh dich in meinem Leben zu haben
und wollte dir das mit diesem Gedicht mal ganz ausdrücklich sagen!

Gewidmet: Meiner besten Freundin Sandra

Morgen

Ich sag dir, was du heute kannst besorgen,
das verschiebe nicht auf morgen
Ich sag dir, mach dir keine Sorgen
über den Tag in der Zukunft: Morgen
Ich sage dir, genieße das jetzt und hier,
denn der heutige Tag hat dich im Visier

Love & Basketball

Ich lauf an, werfe den Ball gegen das Brett,
der Wurf elegant, wie ein Mann im Jackett
Ich fange den Ball, hab ihn, ein perfekter Rebound
Hör das Dribbeln auf dem Hallenboden, ein unverwechselbarer Sound
Ich spüre den strukturierten Ball zwischen meinen Händen
Mein Leben ist hier in der Halle, zwischen 4 Wänden
Ich gehe in die Knie, Sprung nach oben
Sehe die anderen Spieler um mich rumtoben
Ich ziele an das Viereck, welches mir den Winkel zeigt
Richtige Kraft, Ballgefühl und ich treffe den Korb jederzeit
Elegant fliegt der Ball durch das karierte Netz
Sieh mit welcher Freude ich ihn in das Ziel versetz
Egal ob Basketballer oder Basketballerin
Dieser Sport gibt unser Leben einen Sinn
Mit Freude sprinte ich zum Korb
die Sporthalle mein Lieblingsort
Auch auf dem Außenplatz fühl ich mich frei
ziehe mit hoher Geschwindigkeit am Gegner vorbei
Der Ball griffig und rund, liegt gut in der Hand
Hebe ihn an meine Stirn und werfe ihn gegen die Wand
Am liebsten würde ich jede Woche, jeden Tag trainieren,

denn beim nächsten Spiel will ich gewinnen, nicht verlieren
Doch hier geht es um viel mehr als nur Gewinnen, um die Liebe die man für seinen Sport kennt
Gib mir einen Ball in die Hand und ich bin in meinem Element

Griechisch & Deutsch

KALIMERA
beginn den Tag ohne Sorgen
TI KANIS?
Ich hoffe dir geht es gut
wie mir
KALO KERO SIMERA?
Naja, die Wolken tuen sich zusammen
zu einer Meute
KALINICHTA
träume süß und schlafe sacht!

Anleitung:
Such dir rasch im Internet einen guten Übersetzer oder
ein gutes, altes Wörterbuch und übersetze
das Großgeschriebene vom Griechischen ins Deutsche. Du wirst sehen das Gedicht wird sich in eines verwandeln, das sich reimt!

Du liest was ich bin

Ich bin ein Gedicht, schau mir ins Gesicht
und du erkennst das lyrische Ich,
es sei denn du liest mich nicht

Mein Dichter, der muss schreiben
darf sich nicht langweilen
hat eine große, lebhafte Fantasie
ist jedoch nicht unbedingt ein Genie

Meine Verse, die reimen sich nicht immer
Die Schüler, die finden mich immer schlimmer
Analysieren und interpretieren müssen sie mich
darum gehe ich ihnen gewaltig auf den Strich

Ich bin ein Gedicht,
egal ob du mich magst oder nicht
Mein Dichter, der tat es
und wenn du jetzt auf ihn wartest
dann such in deiner Fantasie,
dann merkst du: Auch du bist ein Genie
Dann fängst du an zu reimen und schreibst mich
Und erkennst: Mit Dichter mein ich dich!

Ende

Über die Autorin

Swantje Carstensen wurde am 19.02.1997 in Kiel geboren. Mit nur 3 Jahren zogen sie und ihre Familie in die wunderschöne Hafenstadt Eckernförde.
Dort besuchte Sie den Evangelischen Kindergarten, die Richard-Vosgerau Grundschule und später das Jungmann Gymnasium. Auf dem Jungmann Gymnasium absolvierte sie nach 9 Jahren auf dieser Schule das Abitur. Ihr weiterer Weg führte die Autorin nach Århus in Dänemark, wo Sie begann Multimedia Design zu studieren. Schnell stellte sich jedoch heraus, dass das Studium nicht das richtige für sie war und im März 2017 zog sie zurück in ihre Heimatstadt Eckernförde. Mittlerweile arbeitet die Autorin Teilzeit als Übersetzerin für Englisch und Deutsch. In diesem Beruf kann Sie sich mit ihrer Leidenschaft für Sprachen beschäftigen und schriftliche Texte verfassen. Nebenbei entwickelte Swantje dieses Buch und bewarb sich für den Studiengang Translationswissenschaften.
Viele Gedichte dieses Gedichtbands sind jedoch schon viel früher geschrieben worden als dieses Buch erschienen ist. Denn sie begann mit dem Schreiben von Gedichten schon vor einigen Jahren im jugendlichen Alter. Das Buch „Poesiegewitter" ist ihr erstes Werk, das auch veröffentlicht wurde. Wer weiß…vielleicht werden weitere folgen….

Swantje Carstensen

Idee zum Coverdesign

Das Cover...Wie sollte es aussehen? Eine Frage, die ich mir ewig lange stellte. Ich schrieb Schlüsselwörter auf, stellte mir verschiedene Designs in meinem Kopf vor, beriet mich mit Freunden und ehemaligen Studienkollegen aus dem Design Gebiet und führte eine ausgesprochen umfangreiche Recherche auf der Seite Pixabay.com. Erst verliebte ich mich in ein Bild von einem Baum, der inmitten eines Gewitters stand. „Mein Buch heißt doch Poesiegewitter- Das passt doch!", dachte ich." Leider war das Ganze recht düster, also fragte ich Leute, die sich mit Photoshop besser auskannten als ich, ob Sie denn nicht den Baum auf einen anderen Hintergrund setzen könnten. Leider waren alle Versuche dieses Motiv ästhetisch ansprechend zu machen vergeben. „Verlieb dich niemals in die erste Idee, hatte unser Design Lehrer Michael immer gesagt." Genau diesen Fehler hatte ich begangen und mein Kopf war leer. Meine Idee war ganz schön oberflächlich, dachte ich im Nachhinein. Von Poesiegewitter auf Gewitter schließen war nun wirklich nicht gerade einfallsreich. Eigentlich meinte ich doch was ganz anderes, als ich mir diesen Titel ausdachte. Ich dachte bei diesem Titel an die Vielfalt der Gedichte und Ideen und stellte mir vor wie all die Gedichte und die Eindrücke, Emotionen und Bilder auf einen hinabregneten und ein Gewitter in einem auslösten. Also begann ich erneut auf Pixabay.com zu suchen und fand ein Bild mit einer Glühbirne, die die verschiedensten

Motive enthielt. Einige flogen sogar aus ihr heraus. War das mit Gedichten nicht auch so? Enthielten Sie nicht die die verschiedensten Motive, Bilder, Erinnerungen und Emotionen? Gedichte sind doch im wahrsten Sinne des Wortes eine Welt voller Ideen, Erinnerungen, Bildern & Fantasien. Sie erschaffen in unserem Kopf Bilder und lassen uns Dinge fühlen. Das Bild war außerdem von sehr guter Qualität und wirkte dank seiner intensiven Farben sehr modern, was meiner Meinung nach gut zu dieser Art von Gedichtband passte. Zudem symbolisierte die Glühbirne mitsamt ihrem Inhalt die Ideen für mich, die zu den Gedichten führten. Nicht umsonst wird die Glühbirne so oft als Symbol für Kreativität und Ideen verwendet. Für mich stand es fest: Dieses Bild sollte es werden! Es stellte meine Ideenwelt, die Erinnerungen und die Fantasien, die zu den Gedichten führten perfekt dar. Nun stellte sich nur das Problem, das das Bild im Querformat war, aber das ließ sich zum Glück beheben. Nun mussten nur noch Titel, Untertitel und Autor hinzugefügt werden und eine passende Rückseite erschaffen werden. Endlich war das Cover fertig! Alle Bilder, die für das Cover und in diesem Buch verwendet worden sind stammen von der Internetseite Pixabay.com, die Bilder und Fotos zu Verfügung stellt, die alle frei sind zur kommerziellen Nutzung. Ich möchte mich deshalb bei allen Künstlern und Fotografen bedanken, die auf dieser Seite ihre Werke zur Verfügung gestellt haben und mir es somit möglich gemacht haben sie in diesem Buch zu verwenden. Vielen Dank!